I0177650

Mejorando Mi Matrimonio

TENGA UN MATRIMONIO VICTORIOSO

CARLOS & MARÍA CINTRÓN

Publicado por Editorial Vida Abundante Fajardo
Tel. (787) 355-3655

Sitio web: ivafajardo.com

Email: info@ivafajardo.com

Fb.com/PastorCarlosCintrón

A menos que se indique lo contrario, todas las citas bíblicas han sido tomadas de las versiones Reina-Valera, Revisión de 1960 y TLA.

Todos los derechos reservados ©2016 Carlos J. Cintrón

Queda prohibida la reproducción total o parcial de la presente obra en cualquiera de sus formas, gráfica, audiovisual, electrónica, mecánica, magnetofónica o digital, sin la autorización previa y escrita de la Casa Editorial Vida Abundante Fajardo.

Diseño de portada:
Luis Torres

MEJORANDO MI MATRIMONIO

ISBN: 978-0-9972919-1-9

CONTENIDO

INTRODUCCIÓN

A usted que nos lee:

Son nuestros mejores deseos que las reflexiones que aquí encontrará le ayuden a entender ese invento de Dios llamado Matrimonio.

Cuando se entra en ese compromiso todos lo hacen queriendo ser felices. Encuentran que esa persona con la que quieren compartir su vida es la ideal o la diseñada por Dios para tal propósito.

A veces, después de un tiempo, muchos piensan que se equivocaron y no saben qué hacer para salvar la relación. Oran pidiendo a Dios que los haga felices. Buscan ayuda y consejos de amistades, familiares, expertos en divorcios, etc. No queremos dar tantos detalles pues es muy probable que todos conozcamos casos así, ya que vivimos rodeados de muchos ejemplos como estos.

Necesitamos entender, que la felicidad no se compra, no viene sólo con orar pidiéndola, y nadie terrenalmente, se la puede dar. La felicidad se construye. La felicidad es algo que se trabaja desde nuestro interior hacia afuera, y para ello necesitamos, además de paciencia, amor y fe, compromiso y conocimiento.

El material aquí escrito no hace milagros. Pero si aplica algunas de las reglas y principios que aquí encontrará, seguramente su relación mejorará. Ese es nuestro deseo y la razón de este instrumento.

Carlos y María
Unidos por Dios

ALGUNAS FRASES

El matrimonio debe combatir sin tregua un monstruo que todo lo devora: la costumbre.

Para un buen matrimonio hay que enamorarse muchas veces, siempre de la misma persona.

El matrimonio es tratar de solucionar entre los dos problemas que nunca hubieran surgido al estar sólo.

En todo matrimonio que ha durado más de una semana existen motivos para el divorcio. La clave consiste en encontrar siempre motivos para el matrimonio.

El secreto de un matrimonio feliz es perdonarse mutuamente el haberse casado.

El que se casa por todo pasa.

El amor es ciego, pero el matrimonio le restaura la vista.

Ten tus ojos bien abiertos antes del matrimonio; y medio cerrados después de él.

El amor es física. El matrimonio, química.

El amor es una cosa ideal; el matrimonio, una cosa real; la confusión de lo real con lo ideal jamás queda impune.

El matrimonio, al contrario de la fiebre, comienza con calor y termina con frío. Cuidemos de que no se apague el fuego.

Te casarás y te amansarás.

El matrimonio es una cena que comienza con el postre.

¿QUÉ ES EL MATRIMONIO?

El matrimonio es más que una costumbre, más que una norma; es un acto espiritualmente profundo en el que Dios está involucrado plenamente. El matrimonio es un pacto entre la pareja de novios y Dios. Dios usa los matrimonios con poder; al pronunciar los votos de fe, el poder de Dios entra en operación y «un milagro toma lugar.»

Definición de pacto:

Es un acuerdo o convenio entre dos partes que se comprometen a respetar lo que se ha acordado o estipulado.

¿Qué significa Matrimonio? *"Matri"* significa tres y *"monio"* significa unión. (Diccionario Bíblico Ilustrado pág. 737-741)

Es una institución divina, establecida desde la creación. El matrimonio se organiza sobre la base de la familia, la pareja y la unidad. Uno de sus propósitos es no ser una multitud de individuos confusos y dispersos por el mundo.

Dios quiere que el matrimonio sea una relación permanente e indisoluble (Rom. 7:2, 3; Mt. 19:3-9). Con el paso del tiempo esta relación debe ir desarrollándose y perfeccionándose. El matrimonio aceptado por Dios es monógamo, hombre y mujer, una sola pareja (Gen 2:18; Mt. 19:5; 1 Cor. 6:16).

MATRIMONIO ES LA UNIÓN DE TRES: ESPOSO-DIOS-ESPOSA

El amor es una decisión y requiere esfuerzo. Ante el altar juraron amarse *"en las buenas y en las malas...."*, tomaron la decisión ante Dios de amarse en todo momento. Esto no depende de si sientes amarlo hoy o no, porque hay momentos que no "sientes". Dios no nos manda a experimentar sensaciones o sentimientos simplemente nos ordena amar (siéntalo o no).

Los sentimientos y las sensaciones van y vienen, pero el deber es amarse el uno al otro con acciones y palabras bondadosas siempre; es una decisión de obediencia a Dios.

El amor verdadero es servirle a la pareja hasta en circunstancias cuando no quisiera hacerlo ya que eso es lo que se promete el día de la boda y lo que se espera del que ama. El amor es acción no es sentimiento. Este hace cosas bondadosas, dice palabras cariñosas, es perdonador, agradece, es ayuda, da cumplidos, sonríe y nunca deja de ser.

Características básicas para mantener el pacto matrimonial.

Estas características las encontramos en Génesis 2:24-25 y las podemos clasificar de la siguiente manera:

I. El hombre dejará a su padre y a su madre -> Separación

II. Se unirá a su mujer -> Permanencia

III. Y serán una sola carne -> Unidad

IV. Estaban ambos desnudos y no se avergonzaban -> Intimidad

Separación

-No significa abandonar a nuestros padres, ni faltarles al respeto; significa no vivir dependiendo de ellos en forma física, económica y emocionalmente.

-Cuando los hijos se casan, los padres tienen que saber manejar el desprendimiento de la dependencia económica y emocional, permitiendo a los hijos casados tener independencia y desarrollo en su privacidad emocional.

-Tanto el hombre como la mujer al unirse en matrimonio tienen que buscar la independencia familiar.

-Lo anterior no significa no poder recibir de los padres un buen consejo, sobre todo si es un consejo de quien nos ama y viene acompañado de sabiduría y experiencia. Pero debemos tratar de fomentar una relación responsable.

Permanencia

-La palabra "unirse" significa "adherirse", "pegarse" hasta que la muerte los separe.

-La esposa promete ser fiel a su marido y el esposo promete ser fiel a su mujer.

-El divorcio ni aún se nombre en el matrimonio, porque es destructivo. Cuando ocurre un divorcio hay sufrimiento y dolor para ambos, incluyendo a todo el círculo familiar (hijos cuando los hay, padres, hermanos, amistades). No se trata de resolver si el divorcio es justificado o no en ciertos casos, sino señalar por qué el divorcio debe evitarse.

Unidad

-La unidad matrimonial debe ser en todas las áreas. El matrimonio debe compartir entre ellos, sus cuerpos ("no os neguéis el uno al otro"), ideas, posesiones, habilidades, problemas, éxitos, sufrimientos y todo lo que tenga que ver con el matrimonio.

-No debemos olvidar que el egoísmo (cuando el Yo es el centro) es un peligro para disfrutar la felicidad en la vida matrimonial.

-No debemos confundir unidad con uniformidad. Cada ser humano es distinto a los demás seres humanos que Dios formó. Cada uno tiene sus propias virtudes y defectos, sin embargo, en la unión matrimonial, se debe buscar hacer a un lado las diferencias y fortalecer las coincidencias.

Intimidad

-Dentro del matrimonio, la vida íntima es importante para la unidad y felicidad de los cónyuges.

-Uno de los propósitos del matrimonio es la intimidad física, mental y emocional.

-Otro significado de las palabras bíblicas *"estaban ambos desnudos"*, es que no había secretos entre ellos. Mientras más fuertes son los lazos de comunicación, se desarrollará una esfera de confianza mutua, de modo que no existirán barreras en la intimidad de la vida conyugal.

"El matrimonio debe combatir sin tregua un monstruo que todo lo devora: la costumbre."

APRENDIENDO A CONOCERSE

Hay una lección que se queda en nuestra mente desde niños; papá es un hombre, mamá es una mujer. Si bien es cierto que somos iguales delante de Dios, todo el mundo sabe que los hombres son diferentes a las mujeres. Hay diferencias escondidas que se extienden mucho más allá de las características físicas. Las diferencias ocultas no son tan obvias.

Tenemos dentro de nuestra alma diferentes maneras de ver el mundo. Diferentes dialectos al comunicarnos. Diferentes maneras de tratar con el estrés. La verdadera tarea es captar cómo su cónyuge es diferente a usted y viceversa.

Los hombres ven al mundo como una carrera, una cacería. Como el varón constructor de nidos, los hombres se ven a sí mismos como corredores, guerreros y proveedores. Los hombres se sienten motivados a generar, fabricar y procrear. Pregunte a la mayoría de los hombres quiénes son y por lo general responderán en términos de su ocupación: *"soy un maestro, un electricista, un ingeniero"*. Pueden amar profundamente a sus familias, tan intensamente como lo hacen sus esposas, pero en sus almas los hombres ansían lograr tener éxito, ganar. Dios los creó varones.

También en esto varían en como hablan los hombres. Los niños hacen más ruido en acción: *"brmmm, ioou"*, y tienen vocabularios más pequeños que las niñas. De adultos los hombres tienden a compartir información con una inclinación a resolver problemas. Los hombres disfrutan comunicándose en la acción (hasta mirando la TV). En el matrimonio los hombres desean compañía en la recreación, actividades sociales y funciones en la iglesia, etc., no importa cuán inconveniente sea el tiempo. Los hombres prefieren los hechos. Los hombres y las mujeres varían en su preferencia en los temas de conversación. Hay un contraste simple hasta en las revistas para mujeres y las de los hombres.

Las mujeres ven al mundo como una familia, un nido un lugar de hermosura. Su meta es nutrir, cuidar y proveer amparo. Como la constructora del nido, las mujeres se ven a sí mismas como proveedoras de tranquilidad, pacificadoras y diseñadoras. Se sienten motivadas a relacionarse, asociarse y cultivar. Pregunte a la mayoría de las mujeres quiénes son y por lo general responden en términos de sus relaciones: *"soy amiga de la madre, de la esposa, de…"*.

Pueda que las mujeres tengan éxito en sus carreras, y lleguen más lejos que sus competidores varones, pero en sus almas ellas desean tener amistades, familia hijos y hogar. Dios las creó hembras.

Los hombres y mujeres varían en cómo hablan, en sus dialectos. Mirando a los niños pequeños verá que las niñas se expresan mejor y tienen un vocabulario más extenso. De adultas las mujeres tienden a compartir los sentimientos con una inclinación siempre al drama. Las mujeres disfrutan comunicándose. En el matrimonio las mujeres desean mantener relaciones verbales con sus esposos. No importa cuánto tiempo tome, ellas prefieren los sentimientos.

¿Por qué no nos comunicamos?
Comunicación = Alimento del matrimonio

No sabemos cómo = No nos enseñaron. Eso se evidencia cuando no se es habilidoso para comunicar y quizás no está interesado en la alimentación emocional del cónyuge. Casados podemos estar solos.

Tenemos miedo = Temor de compartir su verdadero yo. Miedo al rechazo. No nos atrevemos a desnudarnos Físicamente - en la intimidad, apaga la luz

Emocionalmente – miedo a que vean nuestras debilidades

Falta de autoestima correcta = A veces es tan baja que pensamos que no importa mucho si compartimos nuestras opiniones o no, y que si lo hacemos no nos van a hacer caso. Nos hirieron en la niñez y lo escondemos dentro. Esto es como cortar la grama y dejar el moriviví (planta que tiene espinas) que no se distingue del césped.

No tuvimos éxito = *"Cállese la boca, usted habla cuando las gallinas..."* Estas personas crean un comportamiento de tortuga; que sacaron la cabeza y solo consiguieron que se la cortaran. Entonces deciden no sacarlas más.

Para poder comunicarnos con otra persona debemos realmente estar en comunicación con nuestros propios sentimientos y emociones. Tenemos que entender que un matrimonio sin comunicación se muere. Si se muere tenemos solo dos alternativas:

Lo enterramos = ¿Cómo? Con un divorcio.

Vivimos con el muerto = Aunque apeste todo el tiempo

Casi todos los matrimonios, por no decir que todos, cuando se inician esperan que el amor les dure para toda la vida. Lo cierto es que el amor va madurando y si la pareja no está preparada para los cambios tendrá muchos problemas, hasta el punto de llegar a terminar la relación. Es por eso que en todo matrimonio se necesita aprender a expresar el amor de una forma conveniente.

Un error grave en el que incurren la mayoría de los cónyuges es el de expresar amor de una forma egoísta. De allí que se escuchen frecuentemente expresiones tales como *"yo te amo a mi manera"* o *"yo te digo que te amo cuando me nazca, cuando lo sienta"*. Lo cierto es que se ha enseñado que el amor es un sentimiento natural, casi irracional, o innato en los enamorados. Esto ha hecho que el concepto de amor se haya limitado a una mera emoción que depende del "encanto" que despierta el otro. El amor depende de lo que el otro tenga para ofrecer. El problema está en que ese "encanto", ese romanticismo que se genera recíprocamente entre los enamorados, se desgasta, y si no se cultiva, se acaba y el amor se pierde entre otros sentimientos y emociones.

"Para un buen matrimonio hay que enamorarse muchas veces, siempre de la misma persona."

¿DIFICULTAD PARA COMUNICAR?

PARA COMUNICARNOS DEBEMOS ENTENDER QUIÉNES SOMOS:

La mayoría de nosotros entramos al matrimonio con una serie de ideas erradas y expectativas falsas. Los años de cortejo, y la belleza y ensueño de la ceremonia nupcial nos dejan una atmósfera de cuento de hadas. La novia prepara cada detalle, las invitaciones perfectas, el vestido perfecto, los colores perfectos, las flores perfectas, la recepción, la luna de miel perfecta. Y luego de todo esto, un rudo despertar nos espera. El matrimonio no es un cuento de hadas. Bienvenidos. ¡Hellooo! este es el mundo verdadero.

Durante el primer año de matrimonio hay una "lucha de identidades" que todos los recién casados experimentan. Hemos cedido nuestra libertad, nos hemos comprometido a una unión de por vida y a una promesa de compartir todas nuestras posesiones en el mundo. Pero después de la boda, la realidad empieza a golpear al hogar. De pronto sentimos que no tenemos nada que decir sobre nuestras vidas. Todos los pequeños detalles e incidentes que pasamos por alto durante el noviazgo de pronto toman una perspectiva completamente nueva. Preguntamos: ¿Esta es la persona a la que me he comprometido para toda la vida?

Hay tantos ajustes a hacerse en el matrimonio. El convertirnos en una sola carne suena fácil. Pero no siempre prueba ser tan fácil como suena. Son dos personas muy diferentes, de padres diferentes, crianzas diferentes, dos hogares diferentes, dos maneras de pensar diferentes en muchos aspectos, reaccionan diferentes a la vida, etc. Lograr que vivan juntas, en paz y armonía, tiene que ser un milagro. Requiere tener y conocer cierta información, además de hacer algunos ajustes enormes.

VEAMOS ALGUNOS DATOS BIOLÓGICOS:

Tenemos la misma identidad sexual al ser concebidos al menos por las primeras seis semanas de existencia. Luego somos definidos sexualmente y de acuerdo a eso se forma nuestro cerebro. Los hombres son tipo XY y las mujeres XX. En el hombre se produce la hormona testosterona y en la mujer la progesterona. El hemisferio derecho en el cerebro del hombre es afectado al ir desarrollando sus órganos sexuales y prácticamente funciona con su hemisferio izquierdo. En la mujer no sucede así. Debido a esto ocurren muchos de los cambios en la personalidad y el comportamiento entre los hombres y las mujeres. Aun así la cultura juega un papel más importante que lo biológico, en determinar las diferencias entre los hombres y las mujeres

Los hemisferios en el cerebro dominan:

Hemisferio Izquierdo	Hemisferio Derecho
Una tarea a la vez (secuencia lineal)	varias a la vez (simultaneidad visual)
Lógica, lenguaje	Emociones, sentimientos, hablar

LAS MUJERES

--Las mujeres tienen en su sangre un 20% más de glóbulos rojos que el hombre.

--En su sangre hay más agua. Por eso se cansan más y también se desmayan más.

--Tienen un ciclo de limpieza mensual que llamamos maldición, (dicen algunos), mejor dicho menstruación. Se convierten a veces en mujeres diferentes. Les da depresión, mal humor, etc. Y todo eso se debe a su limpieza interna y cambio hormonal. Nosotros los hombres nos quejamos de eso, pero para ellas es más difícil. Imagínese usted hombre teniendo esa condición todos los meses. No haga planes con ella en esos días porque se puede frustrar.

--El esqueleto de la mujer es diferente. Tiene 200 huesos vs. 199 el hombre.

--Tienen el estomago, hígado, riñones más grandes que los del hombre pero sus pulmones son más pequeños.

--En cuanto a la sensibilidad de la piel, la mujer es más sensitiva que el hombre más sensitivo que exista. Ellas tienen menos masa muscular. Por eso se pasan quejándose *"de lo frío que esta el cuarto"*.

--Las mujeres son mejores en las habilidades verbales.

--Son mejores en establecer relaciones.

--Son mejores comunicadoras.

--Desde bebés se interesan más en personas y en caras. Los bebés niños en objetos.

--Las niñas hablan y forman oraciones primero que los niños.

--También leen primero y con mayor rapidez y destreza que los niños.

--Las mujeres oyen mejor que los hombres.

--Son más sensitivas a los sonidos.

--Son más afinadas al cantar (6x1).

--Ven mejor en la oscuridad.

--Los hombres ven mejor en la luz.

--El campo visual de las mujeres es más amplio; los hombres ven no tanto la anchura, pues tienden a ver de forma más estrecha, pero ven más la profundidad.

--La mujer tiene mejor memoria visual, recuerda mejor lo que ha visto.

--Las mujeres reaccionan más rápido al dolor pero lo pueden soportar por periodos más largos que los hombres.

--Las mujeres tienen una "intuición sobrenatural" para ver y oír cosas que los hombres ni ven ni oyen en el mundo natural.

--Las mujeres tienen mejor memoria y al pasar los años recuerdan mejor los nombres y las caras.

LOS HOMBRES

--Los hombres necesitan pensar sobre los sentimientos antes que puedan hablar de ellos; mientras que las mujeres pueden sentir, y hablar al mismo tiempo que sienten.

--El botón de encendido del sexo en los hombres nunca está apagado.

--Los hombres están más guiados visualmente que las mujeres.

--Las mujeres tienen emociones diferentes que los hombres.

--La estructura del cerebro del hombre es diferente al de la mujer

--Los hombres no gustan de hablar ciertos temas avanzada la noche, cuando se sienten cansados, porque perciben estar menos en control y temen que la discusión se prolongue indefinidamente.

--Debido a que los hombres están orientados hacia una meta, se sienten frustrados si no pueden completar el pensamiento que están compartiendo.

--La mayoría de los hombres no quieren hablar ni durante el sexo, ni tampoco mientras realizan una tarea en la casa, porque las interrupciones los distraen.

--Los hombres vacilan en leer libros de autoayuda, sobre matrimonio, o buscar consejo, porque no quieren admitir sus fallas.

--Los hombres se sienten impulsados a dar en el trabajo, pero a recibir en el hogar.

--Los hombres olvidan sus problemas al no hablar de los mismos, mientras que las mujeres se libran de sus problemas recordándolos y hablando de ellos.

--Los hombres necesitan aprecio para sentirse amados.

--Los hombres tratan de reflejar sus sentimientos en la acción más que en palabras, debido a que "haciendo" consiguen mayor alivio que "al hablar de ellos".

--Los hombres no ofrecen soluciones a las mujeres respecto a los problemas que ellas callan. Solamente resuelven las cosas que las mujeres comparten con ellos.

--Cuando un hombre es presionado por una mujer para que dé más, se echa para atrás, pero cuando no está obligado a dar más, normalmente entonces da más.

--La mayoría de los hombres poseen una perspectiva estrecha porque no usan sus cerebros como un todo.

--Es difícil para los hombres concentrarse en cosas del hogar si tienen demasiada tensión y disputas en sus trabajos.

--Cuando un hombre escucha la frase; *"tu no entiendes"*, en vez de volverse más receptivo a nueva información, se encierra aun más en sí mismo.

--Debido a la estructura de su cerebro, es difícil para un hombre pensar en forma directa y compartirlo cuando está bajo fuertes emociones.

--Los hombres no quieren estar equivocados, sospechar que están equivocados, o tener mujeres que saben que ellos están equivocados, hasta que ellos mismos no sepan que están equivocados.

--Los hombres consideran como desafíos personales o acusaciones de que están equivocados, cuando se les pide más información, o que expliquen mejor su punto.

--Los hombres no están tan dotados verbalmente como las mujeres, porque difieren de ellas en cuanto al temprano desarrollo del cerebro.

--La mayoría de los hombres se ocupan primero de sí mismos, luego de los demás.

--Los hombres aprecian el control. Por eso evitan las relaciones que lleven a desarrollar la intimidad. Ellos sienten que la intimidad es una amenaza al control.

--Los hombres reaccionan a la pérdida y a la aflicción en forma distinta a las mujeres.

--Los hombres son más decisivos inmediatamente que las mujeres.

--El temor de estar equivocados es una fuerza impulsora para los hombres.

--Los hombres están más dispuestos a evitar conflictos con las mujeres que las mujeres con los hombres.

--Los hombres se sienten humillados y enojados, cuando su esposa desafía, critica o corrige las decisiones de él, especialmente delante de otros.

--Los hombres se sienten incómodos por no ser adecuadamente capaces de hablar de sus sentimientos y reaccionan exageradamente con enojo o a la defensiva.

--Los hombres tienden a reemplazar un sentimiento por otro. Reemplazan el dolor y el temor por la ira. La ira les es menos amenazante.

--Las mujeres que se involucran en discusiones estimulan a los hombres a recurrir al ruido, al apasionamiento y al enojo para compensar sus sentimientos de inferioridad.

--Cuando los hombres se sienten amenazados, ya sea real o imaginariamente, tratan de sobrepasar a la otra parte, por eso terminan alzando la voz.

--Los hombres quieren y buscan que sus mujeres cambien y eso está bien. Pero lo piden en forma equivocada. ¿Cómo? Exigen. Exigir es una proposición perdedora. Genera resistencia. La presión de nuestras palabras y el tono de nuestra voz conducen a que los otros se nos resistan.

ALGUNAS OREJITAS:

-Para mantener el matrimonio repleto de amor, cuando esté equivocado, admítelo, y cuando tenga la razón, cállese.

-El matrimonio puede que sea hecho en la gloria, pero el mantenimiento hay que dárselo en la tierra.

-Si vamos a discutir, hagámoslo sin ser desagradables.

-Todo el mundo tiene paciencia, la gente con éxito aprende a usarla.

-Cuídese de que su matrimonio no se convierta en un duelo en vez de un dúo

-Un buen esposo debe ser sordo y una buena esposa debe ser ciega.

-Todos tenemos un letrero colgando al cuello que dice: "Hazme sentir importante".

-Antes de criticar las faltas de su pareja, debe recordar primero que quizá fueron estos mismos defectos los que impidieron que ella consiguiera una mejor pareja.

ALGÚN CHISTE:

-Las esposas son puntuales; ellas compran todo a tiempo.

-Les gusta ir de "window shopping"; compran hasta las ventanas.

-Dios le ha dado a la mujer un gran sentido del humor; para que pueda entender el chiste con quien se ha casado.

"Recuerde que si su pareja fuese perfecta no se hubiese casado con usted."

SU ACTITUD EN EL MATRIMONIO

ACTITUD:

La actitud. <u>Su actitud determina su altitud</u>. La gente siempre proyecta en el exterior la forma en que se sienten en el interior.

La actitud dice realmente cómo es un individuo. Eso se traduce en cómo actúa. Recuerde que <u>la actitud es más importante que la aptitud.</u>

A continuación **diez (10) actitudes dañinas** para que pueda reconocerlas en usted cuando las vea:

1. La incapacidad de admitir que se ha obrado mal.

2. Tomar la opinión de su pareja como un asunto de desvalorización personal.

3. Fallar en perdonar.

4. Envidia.

5. Egocentrismo = La enfermedad del yo. La mayor parte de las malas actitudes son consecuencia del egoísmo.

6. Un espíritu de crítica constante sin palabras de aprobación.

7. Un deseo de acaparar todo el crédito.

8. Bromas o apodos delante de otras personas.

9. Tratar de amar sin ser paciente.

10. Encerrarse en uno mismo y no querer comunicarse con las personas que conviven con uno.

Algunos datos adicionales sobre las actitudes son:

- Actitudes incorrectas pueden entorpecer el éxito de un equipo matrimonial.

- La actitud más importante en una persona es la humildad. La primera evidencia de la humildad es mostrar la <u>disposición de escuchar</u>.

- Las actitudes tienen el poder de levantar o derribar a un equipo

- Las actitudes contagian cuando se exhiben.

- Las malas actitudes se contagian más rápido que las buenas.

- Las buenas actitudes entre el matrimonio no garantizan el éxito del mismo, pero las malas actitudes si garantizan su fracaso.

- Las malas actitudes no se pueden dejar sin atención porque pueden arruinarlo todo.

- Recuerde que su actitud va con usted donde quiera que usted va.

- Todo se edifica o derrumba según la actitud con que se muestra.

- La prueba de la actitud; ¿alguien le sigue? ¿Le gusta a las personas estar con usted?

Recuerde que:
Nuestras actitudes son peste u olor fragante.
¡Sea perfume para otros!

"El matrimonio es tratar de solucionar entre los dos, problemas que nunca hubieran surgido al estar sólo."

DISCUSIONES: ¿POR QUÉ SURGEN?

1. Siempre que hay dos o más habrá peleas/discusiones, ya que habrá cosas en que diferimos.

2. En todo hogar existe cierto grado de tensión entre las personas.

Nunca nos han adiestrado a discutir justa o correctamente:

1. Nos dicen que discutir no es bueno.

2. Al discutir (pelear) sin saber hacerlo, salimos de estas disputas con heridas y dañados, y el matrimonio sale perdiendo, terminamos divididos.

3. Recuerde que: no somos dos, somos uno. Si decimos: "tú tienes un problema, estamos diciendo realmente, nosotros tenemos un problema".

   Un principio divino: _Una casa dividida no prosperará._

Nuestra percepción personal del conflicto:

De acuerdo a esta percepción, es que uno se va a comportar en la "pelea".

Ejemplo:

Si vemos que hay en un bosque una serpiente venenosa = corremos, nos alejamos o la matamos

Si vemos que hay en un bosque una serpiente no venenosa = no corremos, lidiamos con ella

Cuando se levanta la voz y nos ponemos airados; ¿le da temor, es negativo? ¿Qué clase de serpiente ve?

La mayoría percibimos el conflicto por herencia si:

1. Los padres se divorciaron = Se percibe como la serpiente venenosa

2. Peleaban mucho = se percibe como un peligro y se trata de huir de la discusión

3. Hubo abuso físico = Se intimida o se pone más agresivo para repeler la agresión

El suyo no es el matrimonio de sus padres o tutores:

Una mujer que viene de un hogar de conflictos: se sentirá insegura, con temor. A ella la discusión le causa miedo, la paraliza.

Si el hombre viene de un hogar de conflictos, el alzar la voz, el señalar con el dedo es normal. No se justifica pero lo ve normal. La mayoría de los hombres al no darse a entender tienden a alzar su tono de voz, de forma gradual e inconsciente, porque es síntoma de la frustración al no tener las palabras correctas para articular su mensaje.

Si el hombre viene de un hogar de amor, estable: no tendrá miedo de conversar el conflicto, buscará la forma de resolver. <u>¿Cómo tú percibes las discusiones?</u> *"A mí no me gusta discutir".*

Nuestra percepción determina la actitud y respuesta al conflicto: Nos retiramos, no estallamos, nos callamos o nos desquitamos, nos defendemos aunque al hacerlos seamos crueles. En este caso ambos pierden. <u>Recuerde que esto no se trata de ganar o de perder, sino de entendernos.</u>

"En todo matrimonio que ha durado más de una semana existen motivos para el divorcio. La clave consiste en encontrar siempre motivos para el matrimonio."

REACCIONES NEGATIVAS EN EL CONFLICTO

Teniendo claro que en todo matrimonio existen conflictos también debemos identificar algunas reacciones negativas que tomamos y que pueden afectar la relación.

Negar el conflicto. Muchos matrimonios no tiene el valor de enfrentar los conflictos y para no herirse más, lo niegan. No se tiene en cuenta que un problema sin solucionar, por pequeño que sea, hará nacer raíces de amargura en el corazón. Tampoco se debe aplicar el *"tratamiento del silencio"* como medio para evitar la controversia. A veces se escoge esta opción pues parece menos dolorosa, pero el silencio a la larga nunca da resultados. Puede ser que se necesite un momento de silencio pero finalmente se tendrá que enfrentar la situación.

Bien lo decía el sabio Salomón:

"Todo tiene su tiempo, y todo lo que se quiere debajo del cielo tiene su hora; tiempo de callar, y tiempo de hablar."
Eclesiastés 3: 1,7

Un conflicto sin solucionar sigue una secuencia:
ENOJO → HERIDA → RESENTIMIENTO → AMARGURA → AISLAMIENTO

Trivializar o suavizar el conflicto. Es cuando alguno de los dos cede, asumiendo la culpa, para ser aceptado. Este puede ser un mecanismo de chantaje. También se llega a ceder, a costa de las convicciones o metas personales, pues lo más importante es mantener la relación así ésta sea solo de apariencia.

Retirarse del conflicto. La persona cede y prefiere perder. La meta está en no chocar, aún a costa de las relaciones y de las convicciones. El mensaje que se comunica es *"tú no eres importante para mí"*. En vez de enfrentar el conflicto se rompe la comunicación, refugiándose en otras actividades como el trabajo, ver TV, pasatiempos, etc.

Es una forma de ocultar el conflicto como cuando se esconde la basura bajo la alfombra, esperando muchas veces ante la desesperación del cónyuge, para que el tiempo los vaya resolviendo.

Culpar por el conflicto. Es una forma de querer solucionar un conflicto culpando al otro para disculparnos nosotros. Esto fue lo que hizo Adán en el Edén cuando culpó a Eva para salir del problema.

Dominar o vencer en el conflicto. Lo grave de esta reacción es que se pretende imponer las convicciones sobre las del otro, aún en forma agresiva, porque no se valora mucho la relación. Es más importante vencer que la persona misma. Si hay un ganador habrá un perdedor. Cuando se tiene esta actitud se ataca al otro hasta aplastarlo (Gal. 5:15).

Espiritualizar o idealizar el conflicto. Es cuando se argumenta acerca de que los conflictos no deben existir pues son malos y destructivos. Lo que se busca es mantener una "fachada de perfección" hacia los demás mostrando una imagen de mucha espiritualidad y falsa santidad (Gal. 6:1-3).

Usar "armas" en el conflicto. Vemos muchas parejas que se acostumbran a usar ciertas "armas" en la solución de sus conflictos, las cuales en lugar de ayudarles lo que hacen es agrandar el problema.

Algunas de estas armas pueden ser:
- Explotar en ira.
- El silencio.
- Las lagrimas.
- Palabras ofensivas.
- Actitudes de desprecio.
- Fingimiento de enfermedad.
- Sarcasmo.
- Llevar la contraria.
- Negación a la relación sexual.
- Amenaza de abandono.
- Amenaza de divorcio.
- Maltrato físico
- Otras

¿Por qué a veces reaccionamos negativamente?

Porque muchas veces en las personas hay heridas, humillaciones, temores y odios, y éstas se encuentran en el subconsciente y no saben que cargan con ellas toda la vida. Definámoslas:

1. **Heridas** – Son cualquier cosa que aleja de uno los sentimientos de ser aceptados o amados. Una herida es un mensaje de rechazo, que cuando lo dirigen a una persona le crea un falso sentimiento de inferioridad. Lo llamo falso, no porque el sentimiento no sea uno genuino, sino que es uno ilegítimo. Todos valemos lo mismo ante los ojos de Dios.

El rechazo en la niñez es uno de los más dañinos. No siempre la herida es intencional. Puede ocurrir por muerte de un ser querido o separación de los padres. Sea intencional o no, las heridas son profundas. Usualmente los niños bregan con esto culpándose a ellos mismos o a Dios.

El hombre es muy vulnerable a las heridas porque fue creado a vivir en una atmósfera de amor que comenzó en el Jardín del Edén. Si un niño nunca desarrolló un sentido de pertenencia o aceptación, tendrá problemas en su vida adulta.

2. **Humillaciones** - Cuando le hicieron pasar vergüenzas. La vergüenza ocurre cuando exponemos a otros nuestros pensamientos, emociones, o el cuerpo físico. Como las heridas, el dolor que viene con la humillación está basado en una mentira y contribuye a una auto-estima negativa y trae raíces de amargura.

3. **Temores** – Es la presunción de un daño futuro. La Biblia habla de que no temamos 365 veces. Es una de las armas más poderosas del enemigo. Veamos algunos temores:

Temor al fracaso	Temor al futuro
Temor a confiar en otros	Temor a enfermedades
Temores al juicio de Dios	Temor al abandono
Temor al rechazo	Temor a la critica
Temor a fallar sexualmente	Otros

4. **Odios** – Son resentimientos congelados o enterrados. Congelados porque están sin mover y producen a personas frías. Enterrados porque la gente se niega a desenterrarlos porque no admiten que están dentro de ellos. Es posible odiar a alguien sin saberlo. Esto sucede cuando el resentimiento es hacia Dios o un miembro de la familia a quien se supone que tú ames. Odio es contrario al amor.

Sea libre hoy. Identifique y perdone:

Heridas – Un evento que **me hirió** durante mi niñez y todavía me sigue afectando de manera dolorosa y negativa es:

_____

_____

_____

_____

_____

Humillaciones – Un evento que **me humilló** durante la niñez y me sigue afectando de manera dolorosa y negativa es:

_____

_____

_____

_____

_____

Temores – Un evento que **me causó temor** durante mi niñez y me sigue afectando de manera dolorosa y negativa es:

_____

_____

_____

_____

_____

Odios – Un evento **que llenó de odio mi corazón** hacia alguien durante mi niñez y me sigue afectando de manera dolorosa es:

_____
_____
_____
_____
_____

"El secreto de un matrimonio feliz es perdonarse mutuamente el haberse casado."

MANEJO DE CONFLICTOS

Todo matrimonio que enfrenta un conflicto debe saber que la meta no es necesariamente volver al estado anterior, a las hostilidades. Tampoco es que se llegue a pensar igual. La meta es enriquecer la relación, crecer en ella, madurar en la relación, aceptando que se puede pensar diferente. Si no se llega a una solución satisfactoria, se debe conceder el derecho mutuo a disentir, y así habrá crecido la relación.

Otros aspectos importantes que se deben tener en cuenta son la amabilidad, el amor y la aceptación como una expresión de interés genuino por el otro. Recuerde que en el conflicto no se buscan vencedores ni vencidos. Recuerde que también se debe tener una buena comunicación donde se escucha más y se habla menos (Sgto. 1:19), donde la meta es comprender completamente. Así mismo se debe aprender a perdonar y a pedir perdón. Tanto el perdón y la comunicación serán temas ampliados en otros capítulos.

Muchas parejas enfrentan la dificultad de manejar sus conflictos ellos solos y ven la necesidad de recurrir a otras personas para que los orienten o les sirvan como mediadores. Lo mejor es que no se recurra a terceros a menos que sea indispensable. En tal caso se debe pensar en personas maduras que brinden imparcialidad en el manejo del conflicto. De cualquier forma se debe aplicar el principio de la confidencialidad, es decir que, a no ser de común acuerdo no se debe divulgar el problema con otras personas.

Antes de enfrentar el conflicto se debe ser consciente de que esto sucede en todos los matrimonios, por eso hay que mirar el conflicto como una oportunidad para crecer en la relación. Esto ayudará a que se llegue con una actitud sana, libre de prevenciones y sin intenciones de desquite. Para esto primero se deben analizar los sentimientos y reacciones propias, y así identificar la forma en que uno mismo hace parte del conflicto.

Sugerencias básicas a la hora de enfrentar un conflicto:

Identifique el área del conflicto. La tendencia de muchos matrimonios está en pretender arreglar de una vez todos los problemas que han dejado sin solucionar en el pasado. De allí expresiones como *"llegó el momento de poner los puntos sobre las íes".* No se deben recordar problemas del pasado (Fil. 3:13). Obviamente no se pueden olvidar por completo, pero no se tiene que mencionar todo lo que uno recuerda. El usar datos viejos puede agravar el conflicto. Cada falta tiene su contexto y sólo se resuelve en medio de él. No se aparten del problema que los ocupa. Se debe buscar el problema real, la raíz del conflicto y enfrentarla.

Al identificar el conflicto tome un momento antes de hablar para evaluar si el conflicto justifica que se le dedique tiempo y energía. Muchas veces se pelea por cosas que no valen la pena, y sólo se quiere controlar al otro. Tenga cuidado con la *"cantaleta",* porque suele producir resultados opuestos a los que se esperan.

Prepare el terreno para enfrentar el conflicto. Pensar en que se debe preparar el terreno suena demasiado frío y lógico. Sin embargo, es mejor aplazar la conversación hasta que haya menos furor y enojo, y entonces así se dialoga con calma. Se debe buscar el lugar adecuado, el momento adecuado y las palabras adecuadas. Además de las palabras se debe cuidar el tono de la voz. Muchas veces no es lo que se dice, sino cómo lo decimos.

"La blanda respuesta quita la ira; más la palabra áspera hace subir el furor" Proverbios 15:1

Exprese sus sentimientos aceptando responsabilidad. Al enfrentar un conflicto generalmente se comienza buscando culpables. Cuando se culpa al otro para evadir la responsabilidad propia, se rompe la comunicación. Al culpar al otro, se le ataca creando barreras de defensa que harán más difícil la solución del conflicto.

Haga reclamos responsables expresando sus sentimientos acerca del conflicto y acepte sus responsabilidades. Admita que usted también contribuyó al problema, para un conflicto se necesitan dos. Recuerde que debe comenzar con el "yo" para no poner obstáculos a la comunicación. Cuídese del sarcasmo.

Se debe atacar al hecho y no a la persona. El conflicto no se debe llevar al terreno personal, es decir a los insultos por aspectos como la apariencia. Si se ataca con insultos se van a recibir insultos, pues se está atacando el valor de *la persona.* Si su conflicto es con su cónyuge no desvíe su frustración hacia sus hijos. Ellos *"no deben pagar los platos rotos"*. Si los niños han presenciado una discusión entre sus padres, también deben ver la reconciliación entre ellos, o por lo menos estar enterados de que hubo una resolución al respecto. Así también aprenderán a solucionar conflictos. No se debe hacer referencia a la familia o parientes del otro en la discusión.

Sea honesto acerca del conflicto. Cualquier acusación o reclamo que se haga deberá ser respaldado con hechos. No discuta sobre problemas imaginarios. No pretenda adivinar lo que el otro está pensando o lo que va a decir; no le lea la mente a su cónyuge. Diga la verdad con amor, pero tenga cuidado porque puede llegar a disfrazar la grosería con una falsa sinceridad.

Aprenda a escuchar al otro y valide sus sentimientos, pues al fin y al cabo son diferentes. No busque que el otro piense como usted ni que sea una copia suya. La madurez se destaca por la capacidad de respetar la opinión que difiere de la suya. Cuídese de no exagerar con palabras tales como "siempre" o "nunca".

Ofrezca soluciones realistas. Cuando se plantean reclamos en la solución de un conflicto también se deben presentar soluciones realistas y manejables, de no ser así la discusión se limitará a críticas y acusaciones. No trate de ser comprendido, trate de comprender.

Cuando esté equivocado admítalo y pida perdón, recuerde que nadie es infalible y que ninguno está siempre 100% en lo correcto. Si tiene la razón es mejor que se calle pues de lo contrario hará sentir mal al otro.

Busque la ayuda de Dios en oración. En la solución de conflictos la oración juega un papel importantísimo. No se debe manipular con la oración, tampoco debe ser usada como un mecanismo de escape; por eso no se debe usar la oración para reprender al otro. Antes de abordar el problema se debe orar individualmente para que Dios les muestre cuál es el papel que cada uno juega en el conflicto y les dé objetividad para enfrentarlo. Después, de ser posible, oren juntos para que Dios los guíe y sobre todo para que los ayude a lograr los cambios acordados.

Dios puede y quiere ayudar a solucionar nuestros conflictos, pero nosotros tenemos que hacer nuestra parte. Recuerden que si buscan que Dios se involucre en la solución de su problema, también deben estar dispuestos a hacer lo que Él les manda. Por ejemplo se debe estar dispuesto a practicar el perdón.

"Confesaos vuestras ofensas unos a otros, y orad unos por otros, para que seáis sanados. La oración eficaz del justo puede mucho".
Santiago 5:16

¡Recuerde que: el perdón siempre llama la atención de Dios!

UNA PREGUNTA INTERESANTE:

¿QUIERE UNA MEJOR VIDA AHORA?

Dios nos prometió este tipo de vida. Si no la estamos viviendo, alguien está fallando en algún lado, o Dios o nosotros. El no vivir este tipo de vida nos afecta como personas y afecta la credibilidad de Dios ante los ojos de los demás. Para vivir una vida mejor y que le beneficie y a la vez honre a Dios (ese es nuestro propósito en esta tierra) debemos hacer una evaluación personal. Las evaluaciones sólo son buenas si decidimos trabajar con los hallazgos. Si no hay intención de actuar con los hallazgos estaríamos perdiendo el tiempo nuestro y de otras personas. Haga la siguiente pregunta para llevar a cabo una evaluación efectiva:

¿ESTARÉ HACIENDO EN MI VIDA LAS PREGUNTAS CORRECTAS?

Pare de hacer preguntas que posiblemente no tienen contestación. Preguntas tales como; ¿Por qué me pasó o pasa esto a mí? ¿Por qué me tratan así? Esas son preguntas que juzgan a las personas. Y si algunas personas le contestasen, quizás no le gustarán las respuestas. **La pregunta correcta debe ser: "¿Para qué me sucede eso a mí?"**

Haga preguntas tales como: ¿Qué puedo hacer para mejorar o cambiar inmediatamente esta situación? ¿Qué puedo hacer para crear cambios? Su mente lucha arduamente para producir respuestas cada vez que le pregunta algo. Así que no la canse con preguntas inútiles.

¡HAGA LAS PREGUNTAS CORRECTAS!

"El que se casa
por todo pasa."

GANANDO AMBOS EN EL CONFLICTO

1. Discutir o pelear no es agradable, pero es saludable, es positivo, si se sabe hacer.

   a. **Revela quienes somos realmente.** En el noviazgo tratamos de evitar los conflictos. Luego de casados, hasta en la misma noche de bodas sale el *monstruo* para fuera. *"Yo no sabía que él/ella era así"*. El conflicto saca a flote quienes somos en verdad. Derrite la máscara de la perfección en nosotros.

   b. **Discutir es Positivo.** Es una herramienta que produce intimidad, revela lo de adentro. Ej. La guitarra necesita tensión en sus cuerdas para sonar bien. El matrimonio tiene cosas que estiran nuestras cuerdas para que podamos descubrir con quien realmente nos casamos. Ejemplo:

   El dice: *"Tengo hambre, ¿Dónde vamos a comer?"*. Ella contesta: *"Donde tú digas",* cuando realmente tiene un sitio en mente pero no se atreve a decirlo por la razón que sea. Tratamos de evitar tensión.

Ser amables no es lo mismo que ser honestos. La tensión saca la basura del matrimonio. Sin transparencia no hay intimidad. Intimidad no es el momento del sexo o estar solos en la alcoba: es conocernos como es cada cual por dentro, nuestros sentimientos. A veces esto toma años; más si éste no es su primer matrimonio. Los *"monstruos"* o sea, los niños dentro de nosotros, son los que dañan realmente los matrimonios. Diga: *"Mi amor, todo el mundo pelea, sólo dominemos a los niños".* Muchas veces comienzan discutiendo dos y terminan peleando cuatro; dos adultos y dos niños.

2. Si vamos a pelear, aprendamos a hacerlo. ¿Cómo? De manera que ambos seamos ganadores. Si hay un lado ganador es porque hay un lado perdedor. Si vas al conflicto con la mente de ganar, entonces ya estás perdiendo, porque pierde el matrimonio. Nos dividimos. *"Tú siempre ganas=Yo siempre pierdo".* **Recuerda que: "Una casa dividida, no prosperará".**

REGLAS PARA UNA PELEA LIMPIA (NOS PROTEGEN)

1. Selecciona el momento correcto= no en público, ante los niños, no par de días antes de la regla, no inmediatamente después de llegar del trabajo.

2. Aprenda a escuchar= no todo es hablar (atacar). ¿Qué me dice y por qué? Tenga contacto visual, no vea TV, no lea el periódico, no ojos arriba, no siga trabajando.

3. No saque a relucir el pasado. No resucite los muertos, estos apestan y enferman. No puede cambiar el pasado, pero si el futuro. Enfóquese en el presente; así se construye su futuro.

4. Evite las generalizaciones. *"Tú siempre, tu nunca".* Eso indica poca esperanza. Use *"hay veces, tú en ocasiones".*

5. Cambie los *"tú me haces sentir, por yo me siento".* Al usar tú, ponemos toda la responsabilidad de mis sentimientos y fracasos en la pareja. Enfoque en usted, no en el tú. El tú nos pone a la defensiva, es una pistola en la frente.

6. Evite discusiones prematuras. Si entendemos que vamos a "perder", queremos detener el combate, *"perdona y olvídalo".* Cuando hacemos eso se queda un asunto archivado pero latente. Toda pelea tiene un proceso que se debe completar. Su retiro prematuro evita o le roba a su pareja la oportunidad de compartir sus sentimientos.

El punto no es quien está bien o mal, o quien tiene la razón, sino; ¿Qué vamos a ganar, a sacar bueno de esta discusión? Permita completar el proceso.

7. Evite el lenguaje corporal negativo = las caras, muecas, los respiros, los brazos cruzados, el dedo señalador, las miradas al cielo, etc.

8. No traiga a terceras personas a la pelea. No practique la lucha libre en parejas (familiares).

9. Dile NO al abuso = no es la respuesta. Es mejor darse un paseo. Si está a punto de estallar, pida un break o time out. Pareja, respete ese tiempo pedido. Es bueno para que baje la tensión. Pero no se vayas con la intención de no terminar la discusión. Venga en otro ánimo, otro temperamento. Use ese tiempo para mirar la posición de su pareja.

RECUERDE SIEMPRE QUE:

EL USO DE LA VIOLENCIA FÍSICA, VERBAL O EMOCIONAL, NO ES DE DIOS. USE DE LA MISERICORDIA EN VEZ DEL DOLOR, DEL AMOR EN VEZ DEL ABUSO, DE LA GRACIA EN VEZ DEL CASTIGO. CUIDADO CON LA IRA.

Tipos de Ira (Hay que manejarlas apropiadamente)

Thumos=Fuego que sube y baja rápidamente. Hay que tener espacio en el matrimonio para ella.

Orge = Fuego constante. No permite que la ira se exprese y muera.

¿Qué tipo tienes tú?

Cómo mantener la ira manejable

1. Recuerde que en su matrimonio, su pareja e hijos son más importantes que el conflicto; que su ira debe ser temporera (***thumos***).

2. Establezca parámetros: hasta dónde la ira debe llegar y que cosas no debe tocar.
   a. No mencionar la palabra divorcio.
   b. No debe haber contacto físico ni lenguaje vulgar

3. Establezca controles: pida ayuda a su pareja. Por ejemplo: *"ayúdame, estoy perdiendo el control"*, *"déjame sólo ahora"* (coja un break y regrese luego), *"No quiero estallar, ayúdame"*, etc.

4. Mantenga la calma, cuente hasta cien, no hasta diez. Aguante su lengua. No tiene que decir todo lo que piensa o siente. No diga que es que usted es transparente y que no puede callar lo que siente. Usted no grita en público cuando tiene dolor y dice a todos que tiene que ir al baño.

5. Prov. 15:1. *"La palabra suave quita la ira, más la palabra áspera la aumenta".*

6. Dele espacio, tiempo a su pareja, no sea empujador. Deje a su pareja que exprese su **thumos**. Si no lo hace es muy probable que se convertirá en ira **orge**.

¿ESTÁ LISTO PARA LA PELEA?

CUÍDESE DE PENSAMIENTOS FALSOS

De niños formamos pensamientos falsos conocidos como pensamientos idealistas. Ser idealista no es malo, pero nos hace vulnerables a sufrir desengaños y frustraciones.

A través de estos pensamientos formamos ideales de cómo debieran y tienen que ser las cosas. Los problemas comienzan cuando los demás se tienen que someter a actuar según las demandas idealistas de estas personas.

Veamos algunos ejemplos:

DEMANDAS A UNO MISMO

- Si soy un buen cristiano nunca me debo de enojar.
- Debo ser amado y aceptado por todos.
- Debo considerar siempre las necesidades de otros primero.
- Debo de realizar todos los deberes de la casa; nadie lo hace como yo.

DEMANDAS A OTRAS PERSONAS

- Otros debieran saber cómo me estoy sintiendo.
- Me voy a casar con alguien que me haga feliz; para eso es el matrimonio.
- Se supone que los hermanos me vengan a visitar.
- Se supone que mi familia me apoye.

DEMANDAS A DIOS

- Dios no puede permitir que yo sufra.
- Yo voy a la iglesia, Dios se supone que me bendiga en todo.

"El amor es ciego, pero el matrimonio le restaura la vista."

SEÑALES DE ALERTA

"Los buenos oidores son buenos amantes — Escucha el consejo y acepta la corrección, para que seas sabio el resto de tus días". (Prov. 19:20)

"El amor es producto del hábito — No amemos de palabra, sino de hecho y en verdad". (1 Jn. 3:18)

DIEZ SEÑALES DE ALERTA QUE INDICAN QUE NECESITAS COMUNICAR TUS SENTIMIENTOS A TU PAREJA:

1. SE ENCUENTRA DANDO QUEJAS DE SU PAREJA A OTRAS PERSONAS = Se le llama a esto "juntar información". Usted está ganando la simpatía de otros, pero a costa de su pareja. Ya va camino a perder, porque está hablando con la gente equivocada. Dígalo a su pareja, no a terceros. El fin es de buscar soluciones, no justificaciones.

2. NO PUEDE DEJAR DE PENSAR EN ALGO QUE SU PAREJA LE HIZO Y QUE LE MOLESTÓ, AUNQUE YA LA HAYA PERDONADO O LE DIGA "NO TE PREOCUPES" = Si usted no puede dejar de pensar en ello, quiere decir que todavía tiene tensión emocional por dentro y que necesita ser expresada.

3. SE ENCUENTRA RECHAZADO(A) SEXUALMENTE POR SU PAREJA = Recuerde: Cuando se suprimen sentimientos negativos y de coraje se termina suprimiendo el amor.

4. PEQUEÑAS COSAS O DETALLES DE SU PAREJA LE IRRITAN = Cuando esto sucede es que hay cosas mayores que necesita hablar.

5. SI CRITICA Y JUZGA MUCHO A SU PAREJA = Cuando nota que se es muy crítico, cuando nada de lo que ella dice o hace está bien, es que usualmente hay coraje y mucho resentimiento no expresado a la pareja.

6. SE ENCUENTRA PASANDO MUCHO TIEMPO FUERA DEL HOGAR Y RECLAMA TENER SU ESPACIO = Si se encuentra evitando pasar tiempo juntos y buscando un "poco de espacio", usualmente hay incomodidad interna, (corajes, heridas).

7. SI TIENE COMPORTAMIENTO ADICTIVO A DROGAS, ALCOHOL, COMIDA, TV, ETC. = Es que hay un área, un asunto no resuelto, algo no sano dentro de usted.

8. EVITA INTIMIDAD CON SU PAREJA = Si casi nunca está en el "mood", para tener sexo o una buena conversación, y busca excusas para evitarlas, es que hay tensión escondida bajo la superficie (así ocurren los terremotos).

9. LLORA A MENUDO, PIERDE EL CONTROL, SE IRRITA FÁCILMENTE = Quiere esto decir que tiene mucha carga emocional y necesita sacarla lo antes posible.

10. SE ENCUENTRA SIENDO ATRAÍDO/A POR OTRAS PERSONAS = Usualmente ocurre cuando se tienen Falsas Expectativas acerca de su Pareja y éstas no han sido satisfechas.

*"Ten tus ojos bien
abiertos antes del
matrimonio; y medio
cerrados después de él."*

NO VIVA DE FALSAS EXPECTATIVAS

Todos tenemos expectativas ideales acerca de otras personas, de nosotros y hasta de Dios. Estas son como un equipaje excesivo debido a que están basadas en asunciones falsas, y nos causan desilusiones, heridas y raíces de amargura. Los *debieran, debo, no puedo, nunca debieran*, etc., siempre causan expectativas que idealizan el mundo perfecto para nosotros pero que en realidad no existe. Falsas Expectativas te pueden hacer soñar con *"el matrimonio perfecto"*, en vez de esforzarte y trabajar por alcanzar *"un buen matrimonio"*. Veamos algunas:

Un(a) esposo(a) debiera siempre _____

Un(a) esposo(a) nunca debiera de _____

Mi cónyuge debiera de _____

Mi cónyuge nunca debiera de _____

Mi pareja siempre debiera de _____

El matrimonio nunca debiera de _____

El buen matrimonio siempre debe de _____

Yo tengo que _____

Él, ella tiene que _____

Los suegros están para _____

Los suegros nunca deben de _____

La familia siempre debe de _____

La familia nunca debe de _____

CONSEJO:

Haga ahora mismo una evaluación sobre sus expectativas. ¿Son justas? ¿Son reales?

¿Está dispuesto(a) a admitir que ha estado obrando mal si en su evaluación encuentra que algo en usted tiene que cambiar?

Nunca se imponga condiciones que dependan de otros para usted ser feliz. Si por ejemplo dice o piensa:

"Sé que seré feliz el día que vea a toda mi familia unida".

¿Qué pasará con su felicidad si eso nunca ocurre? Pues nunca la alcanzaría a disfrutar. Porque puede que haya algún familiar que ni le interese la unidad, o que por alguna otra razón no pueda cumplir con sus estándares de unidad. Recuerde que sus expectativas no son necesariamente las de otras personas.

Haga planes con su estado de ánimo, con las cosas que usted puede hacer; no con las que espera de otros. Así se evitará muchas raíces de amargura.

Ahora, piense en alguna frase linda que le dirá a su pareja cuando la vea. Y cuando ese momento, llegue, dígala o muestre ese afecto que usted sabe hace tiempo no le da.

Fácil, ¿verdad?

IMPORTANCIA DEL PERDÓN

El perdón envuelve cancelar una deuda a alguien. Cuando percibimos que se ha cometido una injusticia hacia uno, viene un sentimiento de que algo tiene que pasar para que se haga justicia. Completo perdón significa extender misericordia hacia el ofensor.

Cuando hablamos de falta de perdón, siempre vamos a encontrar una intensa emoción que se apega al "inventario de ofensas" que tenemos guardado por dentro. Estos sentimientos incluyen; dolor, resentimiento, coraje, ira y hasta odios. Todos estos sentimientos que van con la falta de perdón se les conoce como "amarguras".

En Lucas 17:1-4 se nos dice que vendrán tropiezos (ofensas). Estas son parte normal de la vida. Los consejeros cristianos están de acuerdo que el 80-90% de la causa de los problemas de sus clientes tiene su raíz en la falta de perdón. Casi todos vienen con resentimientos y amarguras.

La razón de esto es que la condición del hombre es pecaminosa. Por naturaleza el hombre es **"centrado en sí"** en vez de **"centrado en Dios"**. Esto trae en exceso; amor a sí mismo, auto-compasión, auto-exaltación, auto-protección y auto-gobernación. La Biblia enseña que el alimentar estas actitudes nos traerán problemas con otros y con Dios (Isaías 14:13-15).

Esta característica de "nutrirse y protegerse" a sí mismo, hace del hombre un blanco fácil del enemigo, especialmente en el área del perdón. En Hebreos 12:1 nos habla que nos despojemos de todo peso para correr la carrera que tenemos por delante. Cada creyente, cada persona en una relación, está en una carrera.

¿Cuándo fue la última vez que usted vio a un atleta corriendo de espaldas a la meta? Si corriese al revés, ese atleta estaría tropezando con los objetos, se movería más lentamente y de vez en cuando se caería. Esto es exactamente lo que hacemos cuando servimos a Dios, cuando queremos un buen matrimonio, pero nos enfocamos en eventos y heridas del pasado. Es el no perdonar lo que tiene a muchas personas y matrimonios sinceros sin alcanzar todas las bendiciones que para ellos hay prometidas.

Muchas personas no ven su amargura, o no la quieren reconocer. Esto se llama negación. Otros no se toman el tiempo de hacerse una auto-evaluación. Muchos están tan ocupados en hacer tantas cosas, que dejan su territorio descubierto. Nada deja puertas tan abiertas al enemigo, como cuando tenemos asuntos por dentro sin resolver a la manera de Dios.

RAZONES QUE SE USAN PARA NO PERDONAR:

La ofensa fue muy grande.

El ofensor volverá a repetir la ofensa.

El ofensor lo hace repetidamente.

No le voy a dar a él / ella la satisfacción. (Orgullo)

Ha sido mi culpa. Yo me lo merecía.

Las cosas ya han mejorado, ¿para qué perdonar ahora?

Si le perdono entonces él / ella ya no me deberá.

Mis padres hicieron lo mejor que pudieron, nadie es perfecto(a).

Ya pensaré en perdonar más luego.

El ofensor no aceptará responsabilidad por lo que hizo.

Si le perdono soy un hipócrita; yo no siento perdonar.

Tengo derecho a estar enojado.

El ofensor no se ha arrepentido.

La ofensa fue a propósito.

Yo perdono, pero no olvido.

El ofensor se merece ser castigado.

Con mi desprecio le hago pagar.

1. El perdón ocurre en etapas según va pasando el tiempo. A menudo se dice que perdonamos prematuramente. Esto se debe a que somos capaces de perdonar sólo en la medida en que estamos conscientes de nuestro resentimiento. No es raro ver a personas al terminar un taller sobre el perdón y antes del comienzo del siguiente, decir que ellos *"ya han perdonado por completo a otros y que todo está bien ahora"*. Tan sinceros como quieran ser, muchas veces no es así. Como una regla a aprender escuche: "desarraigar amarguras profundas no es un evento, sino un proceso lento que se da en la medida que la verdad nos es revelada".

2. Perdón intelectual no es un completo perdón. Mateo 18:35 dice que el perdón no es tal perdón si no perdonáis a tu hermano de todo el corazón. Hay una gran diferencia entre soltar a alguien en su mente y cancelar una deuda de todo su corazón. Aunque la sociedad nos enseña a guardar nuestras emociones, perdonar a su hermano, mientras ignoras su dolor emocional, sólo le lleva a un perdón parcial y a continuar con sus heridas internas. Cuando el dolor permanece a la luz de un perdón intelectual casi siempre esto resulta en que la persona termina con culpa.

3. Excusar a alguien no es lo mismo que perdonar. Uno puede disculpar a alguien diciendo, *"lo hizo sin querer"*, o *"ellos hicieron lo mejor que pudieron"*, o *"mis padres fueron abusados también, ¿qué se puede esperar?"*. Aunque este entendimiento personal ayuda, y a veces es el primer paso para excusar a otro, sólo sirve para guardar más el dolor y no removerlo. Eso también trae culpa y confusión.

4. Perdón no necesariamente quiere decir me olvidé. Sólo Dios tiene la habilidad de olvidar los pecados (Jeremías 31:34). Muchos batallan con el asunto de que han perdonado, pero aún los recuerdos les molestan y causan dolor. Esto sucede porque es el juicio hacia la persona lo que usted perdonó, no el evento. Los recuerdos disminuyen con el tiempo. Algunos dicen, *"yo perdono, pero no olvido"*. Esa persona está siendo engañada. Esto es sólo otra manera de decir, *"yo no voy a perdonar"*.

5. Perdonar a otro se deriva de nuestro agradecimiento a Dios por habernos perdonado. En Colosenses 3:12-13, dice que debemos perdonar de la misma manera en que Cristo nos perdonó a nosotros. Debemos crear conciencia que el perdón que se nos otorgó no fue uno barato. Sin el derramamiento de sangre del Señor no habría perdón de pecados. No se nos debe olvidar la gran misericordia que Dios nos ha extendido. Perdonar a veces sacrifica al yo.

6. Perdonar a otro no quiere decir que la confianza se restaura inmediatamente. Dios no nos ha llamado a actuar neciamente sino sabiamente. La sinceridad de aquellos que nos han herido en el pasado debe ser probada. José probó a sus hermanos y luego reveló su identidad. Cuando removemos paredes que bloquean relaciones, eso no quiere decir que no deban existir fronteras. En el amor, a veces hay que tirar rayas. Los bebes primero se dejan en una cuna, luego en su cuarto, luego en la casa y luego se dejan salir fuera.

7. Perdonar es una decisión. Debemos tomar responsabilidad por nuestro propio comportamiento y actitudes. Podemos elegir cómo vamos a responder a los recuerdos y cosas pasadas. Voluntariamente actuar contrario a los principios de Dios es rebeldía. No debemos decir que deseamos seguir a Jesús mientras rechazamos practicar sus mandamientos y la verdad.

8. Fallar en cumplir Sus mandamientos no se logra sin sufrir las consecuencias. Todos los mandamientos de Dios fueron dados para protegernos y bendecirnos. Ambas cosas se afectan cuando fallamos en perdonar.

9. No perdonar a otro no le da poder a uno sobre esa persona. Da poder al ofensor. La ironía es que nuestra falta de misericordia nos mete en la cárcel.

10. El perdón se ha completado cuando usted puede hacer una oración de bendición por el ofensor sin que le cueste trabajo ni dolor. Esta oración y la actitud con la que la hacemos es la que prueba si el perdón es genuino o no.

¡UN MATRIMONIO QUE PRACTICA EL PERDÓN, SIEMPRE SERA UN MATRIMONIO GANADOR!

CONSTRUYA SU FELICIDAD

Felicidad = Estado de ánimo que se disfruta cuando se obtiene o se posee un bien. Dios es el autor del gozo y de la felicidad. <u>Para ser feliz</u> se necesita saber qué se tiene que hacer para serlo. Nadie puede ser feliz si no sabe la ruta de la felicidad.

<u>Para ser feliz uno tiene que</u> comprometerse con ello. <u>Ser feliz es una meta que tenemos que trazarnos.</u> La felicidad no viene con el deseo únicamente, sino con una planificación y un compromiso a seguir ese plan sin importar lo que se encuentre uno en esa ruta.

Este puede ser el <u>Mejor Año</u> de su vida. Eso lo decide usted. No permita que las cadenas presentes y su pasado le sigan impidiendo avanzar hacia lo que Dios tiene más adelante para usted. Prosperar es avanzar de ser feliz a más felicidad.

Si eso no es lo que está pasando hoy en su vida, es que probablemente hay algún estorbo en su camino que debe reconocer y eliminar de inmediato y con sentido de urgencia. Tenga presente lo siguiente:

No culpes a otros por lo que has escogido hacer. Sólo usted es responsable.

Sus decisiones determinan su éxito o su fracaso. Nadie más tiene el control.

Su vida es el resultado de sus preferencias.

Quítele el control de su vida al pasado y las ofensas. Deje que su vida la controle Dios.

Usted es responsable del ambiente que decide crear cada día.

La voluntad de Dios es bendecirlo, o sea, que usted sea plenamente feliz.

Entienda esto:

En cada río encontrará un puente.

Cada prisión tiene una puerta.

Trabaje con lo que tiene hoy. No desprecie las pequeñas cosas ni los pequeños comienzos. Pequeños goznes sostienen grandes puertas.

Moisés abrió el mar con una vara.

David mató al gigante con una pequeña piedra.

Si su matrimonio o relación está mal, se puede remediar. Si está bien se puede mejorar. Ponga empeño, compromiso, fe y Dios le ayudará.

¿Amén?

DESDE NUESTRO LUGAR SECRETO:

A nuestros lectores:

Sin importar su nombre u origen, hoy bendecimos su vida, su pareja, su casa, hijos y familia. Declaramos que tiene la capacidad para superar cualquier crisis en cualquier área de la vida. Declaramos sobre usted y los suyos, salud, el favor de Dios y una paz sobrenatural.

Carlos & María
Unidos por Dios

☺ ☺

www.ingramcontent.com/pod-product-compliance
Lightning Source LLC
Chambersburg PA
CBHW071632040426
42452CB00009B/1592